AF226505

DISCOURS

PRONONCÉ

DANS LA CHAPELLE DU PALAIS DE VERSAILLES

PAR

LE R.-P. OLLIVIER

DES FRÈRES PRÊCHEURS,

LE DIMANCHE 14 MAI 1871

Se vend au profit d'une bonne œuvre.

VERSAILLES

PAUL OSWALD, LIBRAIRIE DE L'ÉVÊCHÉ

RUE DE SATORY. Nº 12.

L 57
272

Le Dimanche 14 Mai 1871, la chapelle du palais de Versailles réunissait un grand nombre de membres de l'Assemblée nationale et l'élite de la population Versaillaise à l'occasion d'une cérémonie religieuse pendant laquelle une quête devait être faite en faveur de nos soldats blessés.

Nous sommes heureux de pouvoir publier, d'après des notes que nous croyons exactes, le discours prononcé dans cette circonstance par le R. P. Ollivier, des Frères Prêcheurs.

Ce discours se vend au profit d'une bonne œuvre.

3534. — Versailles, Imp. BEAU, rue de l'Orangerie, 36.

DISCOURS

PRONONCÉ

DANS LA CHAPELLE DU PALAIS DE VERSAILLES

PAR

LE R. P. OLLIVIER

Des Frères prêcheurs,

LE DIMANCHE 14 MAI 1871

MONSEIGNEUR (1),

Jamais tâche plus facile en apparence ne fut imposée à une parole sacerdotale et française. Recommander, comme prêtre, la plus noble des infortunes, et comme français, rendre hommage au sang versé pour la plus juste des causes, — devant la plus illustre assemblée que cette enceinte pût réunir, — n'est-ce pas, en effet, une mission bien facile, et n'aurais-je pas mauvaise grâce à m'en plaindre?

Mais, est-ce bien là tout ce qu'attend de moi, à l'heure présente, le grand nombre de ceux qui m'écoutent? Puis-je oublier où je suis? Puis-je oublier que je parle devant vous, Messieurs (2), que je dois parler à vous; et, dès lors, si noble que soit le sujet auquel

(1) Mgr Guillemin, évêque de Canton.
(2) Un grand nombre de députés assistait à la cérémonie.

je semble devoir me tenir, puis-je m'y restreindre et ne pas aborder la question dont tous les esprits sont préoccupés ? Je ne ne le crois pas. Derrière les fils blessés de la France, la France elle-même apparaît, blessée aussi, jetée à terre, criant vers nous, et tendant les mains pour obtenir, je ne dis pas seulement un allégement à ses souffrances, mais l'espérance, la certitude de ne pas mourir !

Pauvre France ! Elle est bien malade, n'est-ce pas ? Et c'est avec raison que nous craignons d'interroger l'avenir. Vivra-t-elle ? C'est la question qui nous obsède et nous étreint le cœur. Vivra-t-elle ? C'est à vous de répondre, Messieurs, puisque vous êtes les arbitres de son sort. Si vous le voulez, elle vivra : parce qu'elle reviendra, par vous, à la mission qui la fait vivre. Dieu l'a destinée à conserver et à étendre dans le monde le règne de la vérité et de la justice, le règne de la vraie civilisation et de la vraie liberté. Tant que l'âme humaine saura le prix de ces biens, et que leur divin auteur voudra laisser à un peuple le péril et l'honneur de leur sauvegarde, la France vivra, parce que seule la France remplit les conditions de cette haute destinée.

Mais il faut qu'elle veuille s'y tenir ; et puisqu'à l'heure présente, elle en est sortie, il faut qu'elle veuille y rentrer. Et c'est par vous, Messieurs, qu'elle aura cette volonté, si elle la retrouve. C'est donc bien à vous que je dois demander : Vivra-t-elle ? C'est pourquoi je n'hésite pas à vous retenir aux graves

considérations que cette question fait naître. Ah !
Messieurs, laissez-moi vous dire de quelle émotion
j'ai l'âme saisie en ce moment. Ce n'est pas la première fois que j'envoie (pardonnez-moi cet orgueil,)
ma parole au monde entier. Mais, si grand qu'ait été
le ministère dont on m'honorait, il ne peut me cacher
la gravité de la rencontre présente !

Je me fie à votre intelligence et à votre générosité.
Je vous apporte simplement la libre et sincère parole
qui nous convient, je le crois. Si la rudesse native des
fils d'Armor vous fait parfois songer au paysan du
Danube, permettez-moi d'espérer que vous vous sou-
viendrez aussi du sénat romain.

I.

La France a reçu d'en haut cette mission, que personne ne conteste, de conserver et d'étendre dans le
monde le règne de la véritable civilisation et de la
véritable liberté. Longtemps fidèle à cette mission glo-
rieuse, elle a grandi à travers les épreuves, et touché
plus d'une fois le faîte des prospérités humaines.

Vous n'attendez pas de moi, Messieurs, que je
m'arrête au récit de nos gloires nationales. Vous savez,
aussi bien que moi, cette suite de services rendus, de
victoires remportées, de progrès accomplis, de Tol-
biac à Bouvines, de Bouvines à Ivry, d'Ivry à Denain,

de Denain à Fontenoy, de Fontenoy à Austerlitz. Dieu ne s'est point montré ingrat : il a dignement payé sa dette, et si nous avons à nous plaindre, ce n'est pas d'en avoir été méconnus.

Aujourd'hui, toutes ces splendeurs se sont évanouies. Fidèle à sa mission, la France s'élevait et rayonnait, dans le monde, comme l'astre de Louis XIV monte et resplendit dans le ciel. Mais elle a méconnu les desseins de la Providence ; se laissant séduire à l'idée d'un progrès qui la rejetait à treize siècles en arrière, elle a laissé la notion et la pratique de la vraie civilisation, de celle qui naît de l'Évangile et se conserve par l'action constante du Christ sur les sociétés, pour lui substituer, dans ses pensées et ses desseins, les raffinements et la licence dont le paganisme d'Athènes et de Rome faisait la civilisation. C'est alors que sont venues les heures mauvaises....

Si vous doutiez, Messieurs, du rapport existant entre nos malheurs et cette abdication, je vous prierais de vous demander à vous-mêmes quelle est votre œuvre, en ce moment, et quelles nécessités vous l'imposent.

Votre œuvre, elle est belle entre toutes, et vous assure l'appui de tous les cœurs français. Ah ! nous sommes bien vraiment avec vous, prêts à tout pour vous aider, reconnaissants de ce que vous avez fait déjà, confiants en vous pour ce qui reste à faire. Votre œuvre, elle est belle entre toutes, et vous pourrez en être fiers, quand vous viendrez, comme le consul antique, devant les portes fermées de votre palais, dire à la France que tous ses périls ont cessé, que tous ses ennemis ont vécu !

Mais enfin, Messieurs, votre œuvre, en quoi consiste-telle donc ? Hélas ! il ne s'agit même pas de conduire, avec prudence et fermeté, un peuple égaré dans un chemin qui côtoie des abîmes. L'abîme a pris la place du chemin ; et c'est tout au fond qu'il vous faut descendre pour y retrouver brisée, agonisante, la France de Clovis, de Charlemagne et de saint Louis. Votre mission, c'est de la ramener de cette mort où l'ont jetée, il y a près d'un siècle, les sages qui ne voulaient plus du Christ, les triomphants qui proclamaient la victoire de la raison sur la foi ! Il était si beau, semblait-il, et il devait être si fécond, d'avoir secoué le joug de l'Eglise, d'avoir émancipé, que dis-je, d'avoir divinisé l'homme au détriment de Dieu ! L'effet ne tarda pas à se montrer ; non pas tout de suite, il est vrai. Le vent qui dessèche les grands chênes, n'atteint d'abord que les branches et semble, au premier instant, respecter les racines. Nous ne sommes pas tombés tout d'un coup : Austerlitz vint encore après Fontenoy. Il nous restait de la vieille sève assez pour nous assurer encore quelques jours. Mais aujourd'hui, tout est fini : il ne nous reste plus rien à attendre. Ah ! Dieu a bien pris sa revanche ; elle est complète et nous avons bu le calice jusqu'à la lie.

Un souvenir me presse, Messieurs, et vous me permettrez de vous le dire. Quel souvenir et aussi quel contraste ! Il y a trente ans à peine, sous les voûtes de cette métropole, que M. de Quélen nommait si bien Notre-Dame de France, devant la plus belle réunion d'hommes que notre siècle eût encore vue, — la paix assurant la prospérité, la vie intellectuelle se rajeunissant au souffle de je ne sais quel printemps, — la plus grande voix de la chaire catholique rappelait les bénédictions de Dieu sur la France fidèle à sa vocation. Et se laissant entraîner au charme de tels souvenirs, et à celui de la sympathie qui rattachait si intimement l'orateur et l'assistance, le P. Lacordaire s'aperçut enfin de la fuite du temps et se prit à s'en excuser devant vous : « Je suis long, Messieurs, s'é-« cria-t-il, mais c'est votre faute ! C'est votre histoire « que je raconte, et vous me pardonnerez de vous « faire boire jusqu'à la lie ce calice de gloire. »

Ces voûtes n'ont rien à envier aux voûtes de Notre-Dame ! Les grands souvenirs s'y abritent à l'égal de ceux qui se pressent sous les arceaux de la vieille basilique. Louis XIV s'y tient debout à la tribune royale, comme Philippe VI se tenait jadis devant le grand autel ! Et vous, Messieurs, qui êtes-vous sinon la plus complète représentation de la France et du monde? L'extrême Orient rencontre ici les termes de l'Occident; l'Eglise et la Patrie s'y donnent la main ; tout ce qu'il y a parmi nous d'intelligence, d'énergie, d'espérances et d'illustrations s'est réuni pour faire de l'heure actuelle une de ces heures qui comptent dans la vie et se conservent dans un inaltérable souvenir.

Pourtant, Messieurs, combien est grande la distance qui nous sépare du temps où le P. Lacordaire racontait devant vous les bénédictions de Dieu sur la France. Cette grande voix s'est éteinte. La plupart des noms illustres qui lui faisaient cortége sont entrés dans la seconde vie de l'histoire : Berryer, Montalembert et tant d'autres que je voudrais citer. A peine reste-t-il de ces hommes un seul, dont la vieillesse toujours jeune met au service du pays une activité toujours nouvelle et toujours féconde, que son absence m'empêche de louer devant lui, mais dont la France, mieux que moi, saura dire un jour les droits à sa reconnaissance!

Mais ce n'est pas à ces différences que votre pensée s'arrête avec la mienne. Le P. Lacordaire, s'il reparaissait parmi vous, ne pourrait plus vous offrir ce calice de gloire que burent nos devanciers ! Le rajeunissement, qu'il avait vu se produire en même temps pour la vie intellectuelle et pour la vie chrétienne, n'a pas donné de fruits ; ce fut une splendide aurore dans un jour qui n'eut point de midi, ou plutôt ce fut le dernier rayonnement d'une flamme prête à s'éteindre. Depuis ce jour, tous les maux nous ont visités : l'étranger nous a tenus et nous tient encore le genou sur la poitrine et le couteau sur la gorge. Prêtez l'oreille ! à quelques pas d'ici notre capitale même ferme ses portes à nos soldats. Après les angoisses de la guerre, les douleurs de l'insurrection. L'heure est bien triste, n'est-il pas vrai ? Et si le souvenir qui vient de Notre-Dame de France nous est doux, en dirons-nous autant des voix qui viennent de Notre-Dame de Paris ?

A quelle date, Messieurs, ferez-vous remonter le premier de ces jours douloureux ? A quel instant se voila, pour ne plus reparaître, le soleil qui brillait sur la France de Louis XIV ? Personne ne peut s'y tromper.

Après les ombres amassées par Louis XV, après le crépuscule où s'éteignait la royauté de Louis XVI, le grand soleil pouvait encore jeter quelques rayons : le vieil esprit français n'avait pas cessé d'être chrétien et de croire à la mission divine de la France. Mais quand fut consommée la rupture entre la société moderne et l'Eglise catholique, quand il fut devenu possible d'insulter la croix et de honnir le Christ, alors aussi tout devint possible contre la conscience, contre le droit et contre la patrie ! Tout devint possible, tout ! Vous l'avez vu, vous le voyez encore ! Vous convient-il qu'il en soit toujours ainsi ? Faudra-t-il que la France se résigne à périr de cette mort, ou lui est-il permis d'espérer qu'elle revivra de sa vie d'autrefois, la vie puissante et féconde des peuples vraiment catholiques ?

C'est à vous de répondre, Messieurs ; car c'est à vous qu'est donné, à cette heure, ce droit formidable de vie et de mort sur la France.

II

La France revivra, et reprendra parmi les peuples

sa place, la première place, la seule qui lui convienne. Ce n'est pas là, Messieurs, une persuasion seulement ; l'illusion du prêtre et du Français qui ne peut se résigner à croire possible l'amoindrissement et moins encore la ruine de la France catholique. C'est une conviction fondée sur les données de la plus exacte logique, vous n'hésiterez pas à le reconnaître avec moi. La France doit vivre et grandir, parce que seule elle est capable de conserver et d'étendre dans le monde le règne de la vraie civilisation et de la vraie liberté.

Cette mission suppose, en effet, dans le peuple destiné à la remplir, la longévité dans la foi, un esprit naturel de prosélytisme et une puissance capable d'imposer les résolutions arrêtées. Eh bien, cherchez maintenant dans les deux mondes, et dites quelle nation, si ce n'est la France, vous paraît appelée à remplir cette tâche !

Ce n'est pas seulement par la priorité de notre baptême que nous sommes les fils aînés de l'Eglise. Aucune nation n'a subi plus intimement, plus constamment et plus généreusement l'action de l'Evangile. A travers quinze siècles nous avons gardé intact et agissant le dépôt de la foi remis aux mains de Clovis.

Sur cette pierre nous avons assis nos institutions les plus chères et les plus défendues, sans nous préoccuper des apostasies ou des décadences dont nous étions entourés, jusqu'au jour où tout se troubla et défaillit en même temps chez nous, l'esprit chrétien et l'esprit national. Alors, sans doute, le mal prit en notre vie des proportions qu'il ne connaît point ailleurs.

Mais faut-il pour cela nous croire sortis de la foi traditionnelle, et considérer comme éteinte la vie dont nous avons vécu ?

Je ne le crois pas. Vous-mêmes, Messieurs, le croyez-vous ? Laissez-moi dire toute ma pensée. Je suis sans cesse conduit par mon ministère aux quatre coins de la France. J'y rencontre beaucoup d'âmes : je les étudie sous tous leurs aspects et je suis forcé de descendre en elles jusqu'au plus intime. Quelle diversité apparente dans les convictions et dans les aspirations. Eh bien, Messieurs, quelles que soient les apparences, voici la réalité. La foi qui sommeille dans beaucoup d'âmes n'est pas morte ; et, comme la fille de Jaïre, elle attend l'heure où quelqu'un viendra prendre sa main refroidie, secouer ce bras inerte et ramener au cœur le flot de sang généreux qui l'a un instant déserté.

La meilleure preuve, vous l'avez sous les yeux. Que vous disent, si vous savez entendre, ces blessés dont la pensée nous réunit ? Que vous disent-ils quand ils tombent sur le champ de bataille, ou qu'ils achèvent de mourir sur leur lit d'hôpital ? Ah ! vraiment, il est facile au sophiste d'écrire au coin du feu, dans la solitude du cabinet, que la foi est morte, que la vieille Eglise a fait son temps, que la France ne veut plus de tout cela. La France ! où donc l'ont-ils vue ? Où donc sont-ils allés pour l'étudier ? Ce qu'ils voient dans le miroir troublé de leurs pauvres cerveaux, ce n'est pas la France, c'est eux-mêmes : et c'est pourquoi ils lui font cette injure. Mais quand on suit ces fils de la France à travers leurs fatigues et leurs dangers ; quand on va près du canon ou sous les balles, leur demander ce qu'ils éprouvent et ce qu'ils croient ; quand on s'assied près d'eux, dans la tranchée, sous le soleil ardent ou dans la boue glacée, et qu'on écoute parler leur cœur, si prompt à reconnaître l'ami véritable, et à s'épancher devant lui, que pensez-vous qu'ils nous disent ? Je les ai suivis ainsi, Messieurs, humble auxiliaire, pendant les longs mois de la défense de Paris : je les connais et je sais leur langage. Ils ne sont guère pressés d'appeler à leur aide ces parleurs si prompts à se déclarer libres de la foi maternelle. Il leur faut d'autres consolations et d'autres encouragements : et si Dieu leur envoie la mort, quand ils vont fermer les yeux loin du pays, loin de la famille, loin de toute affection, demandez aux aumôniers de vos hôpitaux militaires si leur foi s'est éteinte ? L'ami qui les exhorte et les appuie, l'ami qui leur rend la mort moins amère et l'espérance plus riante, l'ami qu'ils réclament, dont ils serrent la main, dont ils n'hésiteraient pas à baiser les pieds nus, c'est, il faut bien le dire, c'est un capucin.

Mais la foi, sans l'ardeur du prosélytisme, ne suffirait pas à la mission de la France. Autour de nous, dans l'Europe livrée à tant d'agitations, nous cherchons en vain cet esprit apostolique dont la présence est si facile à constater parmi nous depuis le premier instant de notre vie sociale. Partout où la civilisation chrétienne fait une conquête, nous sommes au premier rang, ouvrant la route et donnant le meilleur coup d'épée. Partout où l'oppression prétend s'établir, nous arrivons, la parole ardente comme le cœur, la main tout près d'agir. On sait notre nom jusqu'aux extrémités du monde, et partout il signifie la même chose : apostolat, liberté, sacrifice. Ce n'est pas vous qui me démentirez, Monseigneur ! vous vous démentiriez vous-même. Avant que notre drapeau flottât sur votre cathédrale et fît à votre apostolat des heures moins périlleuses, vous aviez fait vivre à Canton cet esprit français qui ne connaît ni repos, ni trêve, et tient à honneur de servir jusqu'au sang la cause de l'Evangile et de la civilisation.

C'est notre nature, et rien ne pourra la refaire. Tant qu'un cri s'élèvera sous le ciel pour appeler la lumière ou la délivrance, un frémissement involontaire nous fera tressaillir. Nous y courrons avant d'avoir réfléchi ; ou, si la nécessité nous contraint à l'inaction, nous prendrons Dieu à témoin de notre impuissance passagère et de notre volonté d'agir dès qu'il nous en fournira les moyens.

Enfin, Messieurs, nous avons la puissance d'imposer notre volonté au profit de la civilisation chrétienne. Peut-être trouverez-vous que le moment est mal choisi pour parler de notre puissance. Pourquoi ? Nous sommes vaincus, on nous a jetés à terre, on nous foule aux pieds. Et après ? En sommes-nous moins la France ? Jacob entreprit de lutter avec l'Ange, et le céleste combattant voulut bien succomber. Mais quand Israël l'eut renversé, il toucha de son doigt le genou qui pressait sa poitrine, et le vainqueur demeura boiteux. Qu'on y prenne bien garde ! Dans le châtiment plein de mystère dont nous avons été frappés, Dieu n'a pas voulu notre ruine. Après l'heure rapide, je l'espère, qu'il faudra bien donner à l'épreuve et au repentir, nous reprendrons notre attitude et notre élan. C'est alors qu'ils verront la France, la véritable France. Celle-là ils ne l'ont pas vaincue à Wœrth, à Wissembourg, à Metz, à Paris, au Mans. Celle-là, ils la verront un jour réclamer ce qu'on lui a ravi, ce qui reste toujours à elle, ce qui ne sera jamais à d'autres ! O vieilles voûtes de Louis XIV et de Villars, réjouissez-vous ! nous vous rendrons les drapeaux conquis se balançant à vos arceaux, les chants d'action de grâces après la victoire, la pompe et les joies accoutumées. Nous vous le promettons, vous n'attendrez pas long-temps.

La France a pour garantie de sa rénovation et de son progrès la mission que Dieu lui a confiée. Tant qu'elle voudra rester fidèle aux desseins d'en haut, nous regarderons en paix se dérouler les péripéties parfois douloureuses de son histoire. Mais cette fidélité s'y tiendra t-elle ? Voudra-t-elle vivre en revenant à Dieu ?

C'est à vous, Messieurs, qu'il appartient de nous le dire. Nous sommes entre vos mains ; nous croirons ce que vous croirez : nous serons ce que vous serez. Rendez-nous la France d'autrefois, la France qui

croyait à sa mission apostolique et civilisatrice, là
France dont la main se retrouve dans toutes les gran-
des œuvres. Que par vous elle reparaisse toute puissante et bénie sur les rivages dont on l'a forcée de se
retirer. Qu'elle soit toujours par vous, Messieurs, présente à ces extrémités du monde où son drapeau semble ne pouvoir flotter que pour abriter les premiers
essais de la civilisation chrétienne. Qu'elle retrouve
par vous cette légitime influence exercée pendant tant
de siècles des rives du Bosphore aux sommets du Li-
ban. Et s'il nous faut restreindre en nos désirs, que la
France se souvienne par vous, Messieurs, des oppri-
més de notre Europe. Qu'elle se souvienne de l'Irlande
pour y continuer et y couronner l'œuvre d'O'Connell.
Qu'elle se souvienne surtout de Rome, où tout ce qui se
fait appartient fatalement à notre histoire, où nos intérêts et notre gloire sont servis ou menacés en même
temps que les intérêts et la gloire de la Papauté ; où
nous devons tenir à toute heure la place que nous a
faite Charlemagne, la place que personne n'a le droit
de nous disputer, encore moins de nous ravir.

Mais pour qu'elle soit ainsi au dehors la gardienne
vigilante de la justice et de la liberté, il faut qu'elle se
soit d'abord souvenue d'elle-même, de ses croyances
et de ses vertus passées.

Elle s'en souviendra par vous, n'est-ce pas, Messieurs ? Nous en avons pour garantie le grand acte
par lequel vous affirmiez, hier, votre volonté de relier
la chaîne de nos traditions catholiques. Soyez en re-

merciés, Messieurs. Vous nous avez rendu l'espoir, en affirmant que pour vous la France était toujours la terre des vieux chrétiens de Clovis, de Charlemagne, de Philippe-Auguste, de saint Louis, de Henri IV et de Louis XIV ; en affirmant qu'elle ne consentirait jamais, je ne dis pas à être, mais à paraître longtemps la terre soumise aux sophistes qui bannissent le crucifix des écoles pour le bannir plus sûrement de notre vie sociale. Soyez-en remerciés, comme de tout ce que vous ferez encore pour la patrie. Vous nous avez donné le droit de tout espérer et nous avons confiance en vous. Comptez aussi sur nous, Messieurs ! Votre dévouement et votre sagesse, dans la tâche difficile qui vous est confiée, auront pour aide et pour appui, n'en doutez pas, tout ce que le pays possède d'intelligence et d'ardeur. Sans doute, comme le blessé qui gémit, la France vous supplie de donner bien vite l'apaisement à ses agitations, la guérison à ses maux : mais elle ne méconnaît pas votre prudence, et vous laisse le temps comme elle vous a donné la puissance.

A l'œuvre donc, Messieurs, et ne vous arrêtez plus qu'à l'heure où vous la pourrez dire achevée, devant votre conscience, devant la patrie, devant le monde et devant Dieu !

Versailles. — Imprimerie BEAU 8750.

www.ingramcontent.com/pod-product-compliance
Lightning Source LLC
Chambersburg PA
CBHW061636050726
47595CB00007B/3229